Desiderata

DESIDERATA

FRANCISCO BARCELÓ RUBIO

Desiderata

DESIDERATA
© Caja de Semillas
Depósito Legal: MU-2073-2006
ISBN: 978-84-612-5503-0
Edita: Caja de Semillas
Fotografía portada: Francisco Barceló

Desiderata

Trabajar en colectivo es difícil, pero gratificante; sobre todo cuando se realiza con espíritu de grupo olvidando los personalismos.

Tengo que reconocer que, con el paso del tiempo soy, un poco menos de mi mismo (algo voy dejando en el camino) y un poco más, de cada una de las personas, con las que me he relacionado en este difícil mundo de la literatura.

Mi agradecimiento para ellas, pues de todas y cada una he aprendido algo pero, este agradecimiento es especial para mis compañeros de **"Caja de Semillas"**.

Desiderata

PRÓLOGO

Si hay que llamar prólogo a esto, lo llamaremos prólogo, pero realmente se trata de una pequeña aclaración al contenido de este libro.

Este poemario es parte de los sonetos y similares del autor. Sonetos que, probablemente nunca hubieran visto la luz, de no ser por la insistencia de los compañeros de grupo.

Con estos poemas, el autor sólo pretende dar rienda suelta a su afición de jugar con las palabras, de la forma más lúdica posible, intentando que nadie pueda sentirse aludido pero, en el caso de que alguna persona se sienta molesta (no creo que tenga capacidad de ofender a nadie), aquí y, desde estas palabras, le pido disculpas y que, por favor, lo tome como lo que es: un simple juego de palabras, con un máximo sentido del humor.

Evidentemente, hay otros poemas que son expresión de sentimientos, consejos, sueños, quimeras, reflexiones y... quizás, incluso alguna vivencia ¿por qué no? Pero, sobre todo, y en primer lugar, intenta reírse de si mismo, al tiempo que tratar de vencer en los retos de los compañeros de grupo.

Deseo que todos los que tengan la desgracia de que caiga en sus manos este libro, disfruten al leerlo, tanto como yo al escribirlo.

Francisco Barceló

Desiderata

CUENTA ATRÁS

     Intento conseguir cuarenta y cinco
poemas con la forma de soneto,
y puedo prometer, y lo prometo,
que en ello he de poner todo mi ahínco.

     Ya llevo cuatro versos y este cinco;
acabo de empezar otro cuarteto.
Lo digo con el máximo respeto,
si venzo en este reto doy un brinco.

     Y puesto que he empezado la faena,
-lo digo con el máximo recato-
entiendo que acabando este poema
y echándole un poquito de teatro,
encuentro reducida mi condena
y quedan que escribir: cuarenta y cuatro.

Desiderata

II

Con este verso empiezo otro soneto.
A ver si puedo hacerlo gongorino.
Con este y otro verso ya termino...
termino de escribir este cuarteto.

Escribo sin tener tema concreto
así que, son palabras que aglutino
siguiendo en el esquema y el camino,
pretendo, creo, intento e interpreto.

Consigo así aumentar mi pobre renta,
y al tiempo que consigo tu interés
mi pluma bien se alegra, o se lamenta,
diciendo pensativa: mira pues...
si no me he equivocado yo en la cuenta
nos quedan que escribir cuarenta y tres.

Desiderata

III

Intento proseguir con mi trabajo.
Lo consigo, aunque sea poco a poco
porque tengo, lo admito y reconozco,
hoy tengo los biorritmos... algo bajos.

No consigo seguir la misma rima
con que empiezo el cuarteto terminado,
mas sigo componiendo sin enfado,
pues la rima, si no hermana, es prima.

Ya tengo terminados los cuartetos;
casi estoy por cantar algún loor.
Si logro encadenar los dos tercetos,
te lo juro: daré gracias a Dios.
Este verso completa otro soneto.
Me quedan que escribir cuarenta y dos.

IV

A ver si puedo hablar de los autores
que escriben, bien en verso o bien en prosa.
Mas veo algo difícil esta cosa.
No quiero despertar jamás rencores.

Los hay que son maestros, o pastores
que cantan a las gentes o las cosas,
pero eso si, de forma decorosa,
si cantan sobre todo, a los amores.

Como hay que hilar muy fino en este tema,
mejor será que no nombra a ninguno
aunque ello me produzca mucha pena.

Si tengo que nombrar: nombro a Unamuno.
Me sumo en esta cuenta otro poema
y quedan que escribir cuarenta y uno.

V

    Hoy me levanté con el pie izquierdo,
así que tengo el día más que "chungo."
Las cosas se me olvidan. Me confundo.
No doy una a derechas. ¡Que no acierto¡

    Me creo que hallo la rima ¡Y la pierdo¡
No veo buen final para este asunto.
Estoy tan depresivo que me hundo.
Un perro me ha mordido. Me despierto.

    No soy supersticioso, mas sospecho
que no debo de hacer ninguna apuesta.
Quizás pueda sacar algún provecho,
pues ahora que recuerdo los poemas,
-alguno puede ser para el desecho-
me quedan que escribir sólo cuarenta.

VI

Presiento que me tiemblan los pilares
y empiezan a temblarme hasta los techos;
pues pienso que son muchos los sonetos
que tienen su final en cantidades.

Existen otros temas ¡a millares¡
De aquí puedo sacar también provecho,
pues pienso que ya tengo varios hechos.
¿Los temas? Ni mentiras ni verdades.

Ya llevo mucho tiempo pensativo
queriendo dar al tema calidad,
así que voy a ser expeditivo.

Yo creo que resulta en realidad
leer, un poco más entretenido,
si no terminan más en cantidad.

EN SILENCIO, SIEMPRE EN SILENCIO
(premio "La Cárcel" 2001)

Un beso yo robé en el arrebato
del fuego de un amor que me devora;
por siempre ya maldigo aquella hora
que intrépido, rompía tu recato

Oculto guardo en celo aquel retrato,
pues nadie ha de saber que vos, señora,
tornasteis a mi alma ensoñadora
y al cuerpo, por demás, a ser sensato.

Viviendo en esta pena que me inunda,
jamás ya volveré a pedir licencia,
haciendo de este beso, mi gran culpa.

Yo siempre al escribir pedí licencia,
y pienso he de llevarme hasta la tumba,
haciendo del secreto, penitencia.

AMOR ADOLESCENTE
(premio "La Cárcel" 2001)

Donde el sol se retira lentamente;
allí quiere mi alma enamorada
alzar para siempre una morada,
oculta de los ojos de la gente.

Y ver pasar el tiempo, indiferente,
en una juventud continuada;
gozando la pasión, siempre soñada,
de un eterno amor adolescente.

Viviendo, entre lasciva y pudorosa,
en una fantasía siempre inquieta,
en un lecho de pétalos de rosa.

Sabiendo que estará siempre sujeta
a la rima voluble y caprichosa,
que le inspiran las musas al poeta.

DESPIERTA EL PASADO
(premio "La Cárcel" 2001)

Renace mi pasado en mi presente
con una lozanía arrolladora,
vistiendo una pasión ensoñadora,
sincrético, tenaz e inobediente.

Sin ver en las arrugas de mi frente
que el tiempo me consume, y me devora
impávido, pasando hora tras hora,
eterno en su tic-tac impertinente.

Alzando un Arco iris lujurioso
que brota sin temor y sin medida,
intrépido, voraz y licencioso.

Y en una irreverencia consentida,
me está haciendo beber del misterioso
estanque de la fuente de la vida.

AMOR Y FUEGO
(premio "La Cárcel" 2001)

Es el fuego que enciende mi delirio,
el fuego de un amor que abrasa y quema
yacente en el letargo de un poema,
impreso en el candor del blanco lirio.

Delirio de mi amor, por más delirio,
poema que no llega a ser poema;
el fuego que por ser juego, es el lema
que viste de cordura mi delirio.

El juego que por ser fuego, es el juego
que avienta los perfumes del amor,
amor que, siendo amor, es sólo un juego.

Un juego que es el fuego del amor,
amor que, por amar, juega con fuego;
un fuego, que es el juego del amor.

MIL VECES
(premio "La Cárcel" 2001)

Mil veces yo soñé, de mil maneras,
mil veces escuché la melodía,
mil veces me dijiste que eras mía
mil veces y mil vidas que vivieras.

Mil veces yo rogué porque lo fueras,
mil veces, por la noche y por el día
mil veces suspiraba, vida mía,
mil veces porque tú me lo dijeras.

Mil veces, en la sombra irreverente
seré celda, tumba y pozo;
mil veces, en silencio entre la gente.

Mil veces, te llamé ¡Mi amor! con gozo
mil veces, Te acaricio dulcemente,
mil veces, en onírico sollozo.

ESA NOCHE

(premio "Mejor soneto C: C: Monroy 2007)

Esa noche en que pude hacerte mía
cubiertos por el palio de la luna,
la voy a recordar como ninguna,
pues la sigo soñando todavía.

¡No tiene veinte años! me decía.
¡Apenas ha salido de la cuna!
Pronuncié la palabra inoportuna
y... un segundo después, me arrepentía.

Esa noche fugar de primavera
me ofreció su perfume de mujer;
esa noche, quizás por vez primera,
se rendía a los brazos del placer.
Ahora vivo soñando la quimera
de una noche, que nunca ha de volver.

Desiderata

Entiendo que la vida no es muy grata.
Lo que no comprendo es, que pretendas,
sabiendo que además te duelen prendas,
regresar a la España de alpargata.

Me preocupa que gente tan pacata,
tan hipócrita, procure y pretenda
ponerse a dirigir, tomar las riendas...
para hacer una España mojigata.

He encontrado en mi vida tanta gente
desgraciada, viviendo entre temores.
Una gente castrada mentalmente
por el miedo y la fe de sus mayores,
que me duele, me duele en las entrañas
que puedan regresar esos censores.

ADIVINA ADIVI…

Dos gemelos a un mismo cuerpo atados
que viven aherrojados por pudor,
alzando su presencia, en un clamor
de lirios en lo oscuro blanqueados.

En cárceles de seda condenados
apenas si verán la luz del sol;
son lirios con un aura de rubor
que tiemblan al sentirse liberados

Son víctimas perennes de su credo.
Los dioses de la eterna idolatría
que a veces te señalan con su dedo,
-erótica expresión de su alegría-
Supongo que ya está claro el enredo
¿No lo has adivinado todavía?

NI MENTIRA NI VERDAD

Aquí nada es mentira ni verdad,
aquí vive una musa muy coqueta,
lo mismo que una niña, siempre inquieta,
que puede hasta cambiar la realidad.

Dichoso quien consigue su amistad,
lo mima, lo acaricia y lo respeta,
y aún siendo en realidad, algo indiscreta,
conforma con él mismo la unidad.

Degusta de sus frutos la bondad
que incluso puede ser algo... profeta
y puede hasta halagar tu vanidad.

Tú sabes que es quizás, algo veleta,
mas tendrás si gozas ya de su lealtad,
la gran satisfacción de ser poeta.

TRES FLORES EN TU BOCA

Tres goces que nacieron en tu boca.
Tres goces. Tres instantes de placer.
Tres goces en el fondo de tu ser.
Tres goces, tres recuerdos que hoy evocas.

Tres goces que tu mente no trastoca.
Tres goces en tus labios de mujer.
Tres goces que murieron al nacer.
Tres goces que te queman en la boca.

Tres besos con sabor a despedida.
Tres goces que nacieron del dolor.
Tres besos de una boca arrepentida.
Tres goces que quizás fueron... amor.
Tres goces. Los tres besos, tres heridas.
Tres goces que recuerdas con fervor...

HABITAS EL OLVIDO

Ni siquiera me dejes tu recuerdo,
simplemente te marchas y me olvidas;
me hiciste en el amor tantas heridas
que sólo ganaría…si te pierdo.

Espero que no olvides este acuerdo
ni intentes regresar nunca a mi vida;
si un día fuiste reina consentida,
de ti me está sobrando hasta el recuerdo.

No esperes que te siga arrepentido
y llegue mendicante hasta tu puerta,
que habitas la morada del olvido.

No mires hacia atrás, porque no hay vuelta
al mundo que tuvimos compartido.
Por mi puedes soñar hasta despierta.

A JUAN GAVIOTA

Se eleva la plateada gaviota
tan cerca de las nubes en su vuelo,
que al verse recortada contra el cielo,
del blanco pentagrama es una nota

¡A donde vas! decían, Juan Gaviota,
jamás ningún mortal halló consuelo,
jamás ningún mortal dejó este suelo,
¡no vueles, por favor, no seas idiota!

Y Juan, que no escuchó las voces vanas,
abrió sus blancas alas con soltura
volando en el azul de la mañana
sin miedo ni a los vientos ni a la altura.
Dejándolos atrás con su ceguera.
Dejándolos atrás con su cordura.

EL PRIMER DESAMOR

Qué importa si el amor te hace una herida,
que importa si en la tibia madrugada
te abrazas con pasión a la almohada,
llorando el dolor de una partida.

Qué importa si en la fría despedida
sentiste a tu alma apuñalada,
y al ver tu confianza traicionada,
pensaste que era el fin para tu vida.

Ya sé que no es momento de reír.
Ya sé que es el momento de llorar.
Que piensas que es muy fácil de decir
que ya llegó el momento de olvidar.
Lo sé porque lo tuve que vivir
y tuve que aprender de nuevo a amar.

ANTE EL ALTAR

A solas, nuevamente ante el altar,
recito otra vez estas plegarias
que fueron tantas veces necesarias,
rogando que me puedas perdonar.

De nuevo he venido aquí a buscar
la paz y la esperanza necesarias
que otorgan tantas veces las plegarias.
De nuevo he venido aquí a rezar.

A ti, que predicaste en el desierto.
A ti, que prometiste el perdón.
A ti, que predicaste como cierto
que luego nos darás resurrección.
A ti quiero tener por siempre abierto,
por siempre, y para siempre, el corazón.

CUANDO LLEGA... LLEGA

Son tantos los poemas que no han sido,
los versos que jamás he reflejado,
los versos, que volando, han escapado,
los versos que en los sueños han huido.

Supongo que también te ha sucedido,
supongo que también has olvidado
aquello que creías ya grabado
y luego, al despertar, habías perdido.

Supongo que también tienes papel
al lado de tu cama, cada noche,
y harto del amargo de la hiel
del verso que se pierde en un derroche,
no quieres que te vuelva a suceder
y llegas a escribir ¡HASTA EN EL COCHE!

PROTESTA FORMAL.

Permite que te dé mi explicación
de como ha de rimar un buen soneto;
tú tienes tu teoría, que respeto,
(perdona por esta aliteración)

Mas no comprendo que haya obligación
de dar la misma rima a este cuarteto
y puedes comprobar que me someto
y llego hasta aceptar la imposición.

Entiendo encadenar los dos tercetos,
con esta rima o con otra cualquiera,
¿porqué la misma rima en los cuartetos?
¿porqué no puedo hacerlo a mi manera?
entiendo que tan sólo es un esquema
que alguien ideó por vez primera.

LA ESCUELA DE LA VIDA

La vida nos enseña muchas cosas
que nunca enseñará ninguna escuela;
algunas dejarán quizás secuela
y otras son en sí... maravillosas.

Algunas, perfumadas como rosas,
podrán herirte al fin como una espuela,
las otras te dirán que el tiempo vuela,
llegando a ser incluso... dolorosas.

La vida distribuye cal y arena
segundo tras segundo, día tras día,
dejándote el dolor de una condena,
o el hálito sutil de la alegría.
Y si un día te muerde cruel la pena,
enfréntate al dolor con gallardía.

SONETO A LA COLITIS

Entiendo que la cosa está algo fea
y será necesario que te diga:
me dan retortijones de barriga
y me lleva "de culo" la diarrea.

No creo que haya nadie que se atreva,
por más que lo jure y lo repita
a intentar, sin dejar libre la "espita",
a dejarse caer alguna "breva".

Pues los gases que surgen del abismo
y que suelen salir bien "perfumados"
por el gas que genera el organismo,
nunca llegan a estar garantizados
si van en "solitario" a hacer "turismo"
o si marchan muy bien acompañados

EN LA JAULA DEL "TIGRE"

¿Porqué suele el hombre mearse fuera
de la taza de blanca porcelana?
¿Será por que le da la real gana,
o por no levantar la tapadera?

Ya sea por esta causa o por cualquiera,
el caso es que la cosa está marrana,
pues suele hasta quitársete la gana
de entrar en el refugio de "la fiera".

Yo no comprenderé jamás el hecho
de un comportamiento tan marrano
que tienen -porque creen tener derecho-
diciéndote además: ¡Es muy humano¡
Acaso es que no quieren (me sospecho)
cogerse su herramienta con la mano.

Desiderata

¿Pedir? Para qué voy a pedir nada
si apenas tengo nada que ofrecer.
Sólo puedo ofrecerte lo que sé,
la experiencia y... un alma ya agotada.

Agotada por no recibir nada
de aquello que entregó con tanta fe.
Agotada de tanto comprender.
Incluso de querer está cansada.

Si contemplo las huellas de mis pasos
y reviso el haber que he conseguido,
la verdad es que abundan los fracasos,
pero tengo en el debe algún amigo.
Sí. Ya sé que mis bienes son escasos.
Quizás es por lo mucho que he ofrecido.

INTROSPECCIÓN

Desnudo mi pudor a flor de tierra
hendido por el rayo del espejo;
pudor con un sabor un tanto anejo,
de víctima inocente de otra guerra.

La sombra del pasado aun me aferra
haciendo de mi vida un cruel bosquejo;
fantasmas que me anuncian el cortejo
de una cofradía que me aterra.

Me asusta que ese fiel de la balanza
que pesa mis aciertos, mis errores,
mi pena, mi alegría, mi esperanza...
que pesa con mis odios mis amores,
me imponga una condena, sin fianza,
teniendo mis olvidos por censores.

Desiderata

Con un vuelo de frágil mariposa
se rozaron mis labios y los tuyos:
nunca hubo pudores más desnudos
ni más castos. Dos pétalos de rosa.

Fue una casualidad maravillosa.
Fue como descubrir dos nuevos mundos
que estaban a la vista y… tan ocultos,
luchando por nacer de alguna forma.

Un hijo de la cruel casualidad,
pues nunca entre los dos hubo intención
de hacer una quimera realidad.

Sólo un hecho nacido de un error.
Sin embargo, jamás podré olvidar
que dejaste en mis labios tu sabor.

Desiderata

    Tengo ya más sonetos que Sabina.
De crítica, de amor, de cachondeo...
Aún no he escrito nada de Correos,
que se encuentra a la vuelta de la esquina.

    Lo cierto es que a la cosa de la rima
le doy bastante bien por lo que veo.
Me pasa lo contrario que al solfeo,
a pesar de tener la oreja fina.

    La Para, me llamó "señor del ritmo".
"Don soneto" me llama Valenzuela.
Yo esto, ni lo niego ni lo afirmo,
son críticas de amigo, que consuelan.
Si llega otro soneto, yo lo escribo,
pues, "Ave que vuela, a la cazuela"

VISITA INESPERADA

A veces he soñado que soñaba
y ayer llegué a soñar mi propia muerte;
quien sabe si eso es buena o mala suerte.
Tampoco sé decir si me apenaba.

La muerte que yo vi se disfrazaba
de alguien que ya vive con la muerte
y dijo: Hola amigo, vengo a verte
porque hace tiempo ya que te esperaba.

Lo cierto es que no tuve ningún miedo
viviendo aquella extraña circunstancia,
incluso lo recuerdo, si es que puedo,
aunque algo se me pierde en la distancia.
El sueño terminó. He despertado.
Tampoco le daré más importancia.

NUESTRO PADRE JESUS

Quien pudiera cantar una saeta
a las llagas que sangran en tus manos.
Quien pudiera librarte de los clavos
que cumplen las palabras del profeta.

Quien pudiera librarte de la afrenta
de morir en la cruz por los humanos,
pero es algo que escapa de mis manos
y estremece mi alma de poeta.

Hoy te miro, Jesús, en tu agonía
sempiterna clavado en el madero
y suspira en silencio el alma mía.

Me acongoja este quiero, mas no puedo
evitar que murieras aquel día
por nosotros, Jesús, en el madero.

SEGUN EL CRISTAL...

Es lógico tener aspiraciones.
Querer ser un poquito más... perfecto.
Pero es que aspiración es un defecto
si en vez de aspiración son... ambiciones.

Que hay todo un espectro de opiniones;
que hay quien no lo ve como un defecto.
Hay miles de opiniones al respecto,
por tanto, existen múltiples opciones.

Hay quien por ascender pisa cabezas
y luego lo que pisa no ha pisado.
Ejemplos hay sin fin en nuestro acervo.

Humanos son y son naturalezas.
Pero hay quien va de buitre disfrazado
y malamente llega a ser un cuervo.

SI NO TE GUSTA... CAMBIA

Recuerdo que tú siempre te has quejado
que apenas si se vende la poesía,
y yo no me he encontrado todavía
quien diga sin dudar ¡No me ha gustado!

Me gusta porque suena muy bonito,
pero es que nunca entiendo lo que escucho.
Lo cierto es que me aburre ¡pero mucho!
y no suelo comprar lo que está escrito.

Escucha y que no te duelan prendas:
si escribes y no vendes, no te quejes.
¡Y luego presumís de ser poetas!

Si dicen que no entienden, no te ofendas.
Si encima los comparas con herejes...
¡Te puedes dedicar a hacer puñetas!

SONETO AL CÓLICO NEFRÍTICO

Dolor que nunca es algo simbólico
que sólo con nombrarlo ya es mefítico.
El tema es muy concreto y muy nefrítico,
y suele conocerse como: un cólico.

El caso nada tiene de bucólico,
más bien es un dolor bastante mítico
que tiene su principio en algo lítico,
basado en el principio metabólico.

Te llegas a pones hasta sicótico
en una situación mefistofélica
por una piedrecita que es raquítica.

Y acaba este proceso tan caótico
si expulsas esa cosa tan famélica
que tiene una apariencia megalítica.

A MI MANERA

No entiendo que te pongas tan frenético
si no quiero escribir de un modo críptico,
ni hagas todo un mundo apocalíptico
si no uso al escribir algún cosmético.

No hago al escribir cuadros sinópticos
que expliquen lo que escribo, y siendo crítico
me río, y festejo como mítico,
si escribo dos poemas que sean ópticos.

Me apoyo al escribir en la informática,
un medio que parece muy didáctico,
y quiero siempre huir de lo esperpéntico.

Y a veces, aunque sea de forma errática,
usando este artilugio que es tan práctico,
consigo algún poema que es auténtico.

UN HERÉTICO HUMORÍSTICO

Por más que me etiquetes como herético,
no intentes, cual profeta, ser mesiánico.
Yo no puedo escribir en plan mecánico
buscando solamente el plano estético.

Acepto algún poema un tanto cínico.
Un modo de expresión, extraño, exótico,
tocando alguna vez el tema erótico
si lleva de la mano el plano anímico.

Usando este modo tan empírico,
sencillo, personal y nada hermético,
que apenas llega a ser un poco artístico,
aspiro a conquistar el mundo onírico
de un modo natural y tan sincrético,
que llegue a parecer hasta humorístico.

CRITICANDO (CON PERDÓN)

Comprendo que mi crítica es muy ácida
y tú puedas pensar que no es modélica.
Que algunas veces es incluso... bélica,
y no es que yo no sepa hacerla plácida.
    A veces llega a ser incluso... cáustica
y usada de una forma muy metódica,
con ritmo y metro, llega a ser melódica.
Más tiene un solo fin: el ser sarcástica.
    La forma de escribir no es nada anárquica
y usando estas palabras tan idílicas
te puede parecer hasta retórica.
    No tiene aspiración de ser monárquica,
ni es fructificación de almas etílicas
ni tiene la ambición de ser histórica.

    Si piensas que mi crítica es impúdica,
soez, irreverente, y sintomática
de gente que es obtusa y problemática,
te has vuelto a equivocar ¡Tan sólo es lúdica!

AMOR PLATÓNICO

Amor de juventud, amor platónico
que yo consideraba como idílico.
El verla era un efecto cómo... etílico
y todo nuestro mundo era... armónico.

A nuestro alrededor todo era onírico,
perfecto; sobre todo era romántico.
Hasta nuestro silencio era un cántico
que todo lo envolvía de modo lírico.

Todo evolucionó de un modo lógico.
El mundo de lo físico era... mágico.
El sexo lo veía como algo... utópico

Y al no tener muy claro lo biológico
pues... todo terminó de modo trágico,
por no entrar, como es típico, en lo..."tópico".

EL TÓPICO MÁS TÍPICO

El sexo, donde el tópico es tan típico.
Allí, donde lo típico es el tópico.
¿Será porque comienza con lo tópico
y acaba casi, casi…casi en hípico?

Te dice la pareja ¡Eres atípico
y tu comportamiento es casi utópico!
Haciendo que caigamos en el tópico,
pues todo son mentiras, como es típico.

Encima está el ataque psicológico
que brota de una voz mas bien metálica,
diciéndote además, que eres vandálico.

Queriendo que aceptemos como lógico
que toda nuestra masa encefálica,
tan solo es un músculo, esto… fálico.

REPICANDO Y...

El buitre se alimenta de carroña,
o sea, de trocitos de difuntos.
   Si andas de los otros en asuntos
¿a qué viene decir buitres con "coña"?

   Ahora di: ¿de qué coño te quejas?
¡No admito que te quejes! ¡Menos tú!
que has hecho lo mismo que Esaú,
¡Venderte por un plato de lentejas!

   Admito que es un plato suculento,
que así puedes comer de varias ollas.
A ti te lo proponen y al momento
te sientas y ¡a comer! que bien te enrollas.
   Qué quieres ¿qué de saltos de contento?
¡Entonces yo sería gilipollas!

A PRECIO DE ORO

Llegué a pensar que nunca lloraría,
mas cual sería mi agrado y mi sorpresa
un día, apoyado en una mesa,
mis ojos una lágrima vertían.

Recuerdo que fue grande mi alegría.
¡Mis ojos los cubrió una niebla espesa!
y fueron una fuente que no cesa,
y aún sigue manando todavía.

No creas que este gesto tan sencillo,
que es en realidad un gran portento,
es propio de mujeres o chiquillos.
Yo mismo, que he sufrido ese tormento
de no hallar en mis ojos este brillo,
a veces, hasta lloro de contento.

RENACE EL RUISEÑOR

La voz del ruiseñor fue cercenada
en aras de proyectos y ambiciones,
con base en no se que revelaciones
que iban entre sueños disfrazadas.

¿Tuvieron algo en cuenta? ¡Para nada!
¿Acaso no existían ilusiones
movidas por tan puras intenciones
que hacían del extraño un camarada?

Ahora el ruiseñor canta bajito.
En una rama, oculto, se ha posado.
Incluso, su cantar, es más bonito.

El dulce ruiseñor, escarmentado,
rehúye de vecino al periquito
que tanto sinsabor le ha provocado.

PARA JUANA SERRANO
El silente son, de unos pies cansados.
(Marisa Cánovas)

El silente son de unos pies cansados,
otoños que se fueron dulcemente,
fantasmas del ayer, mirada ausente,
mil sueños de reflejos nacarados.

Acentos que no fueron pronunciados,
palabras que murieron al nacer,
caricias que no buscan el placer,
amores que jamás serán cantados.

Qué importa si el lejano continente
no es fin de la iniciada travesía
y el gélido final, principio ardiente.

Qué importa si tu voz, junto a la mía,
son notas de algún eco displicente,
sí llevan en su esencia la armonía.

PIÉS DE BARRO

Es duro el cambiar las tradiciones.
Es duro derribar a tantos mitos.
Las cosas que aprendimos de chiquitos
y hemos de cambiar al ser mayores.

Son cosas de los muchos escritores
que hicieron comentarios tendenciosos,
haciendo aparecer como grandiosos,
los hechos que tenían otros valores.

Cantaron a las épocas y etapas,
haciendo aparecer maravillosos
a reyes, a políticos y papas
que fueron en sus épocas gloriosos.
Y luego con el tiempo se destapa
que fueron, sin embargo, licenciosos.

MIS RESPETOS

Quevedo fue maestro del soneto,
soneto que mandara hacer Violante.
Prosigo con la rima hacia delante,
poniéndole final a este cuarteto.

También quiero vencer en este reto.
Quizás soy ambicioso y petulante,
mas pienso que si soy perseverante
podré ponerle fin a otro cuarteto.

Ahora le presento mis respetos
a esta gran figura consagrada
poniéndole final a este terceto.

Y viendo que la estrofa está forjada
y ya concatenados los tercetos,
estimo la poesía terminada,

ENTRE FOGONES

Jamás en la cocina tengas prisa
que es, está bien claro, el fundamento.
El guiso hay que cocerlo a fuego lento
o no se cuece bien lo que se guisa

No puedes repicar y estar en misa
pues cada cosa tiene su momento
y todo en la cocina es sentimiento,
que suele coronar... una sonrisa.

Trabaja. Ponle toda tu atención.
Al plato, mucho tino y mucho seso
haciendo la mejor combinación,
y el toque personal. Tan sólo es eso.
Y sientes una gran satisfacción
si premian tu trabajo con... un beso.

Desiderata

Intento escribir algo y al poco
comienza el desatino.
Es algo que quizás no halle destino.
Un algo sin sentido y algo loco.

Es un algo escrito con descoco
que no encuentra camino
y vale mucho memos que un comino.
Si tú no entiendes nada, yo tampoco.

Quizás lo guarde un día cual tesoro.
Ahora, al escribirlo siento pena,
pero eso me lo callo por decoro
que puede hasta servirme de condena
si un día dice un grupo haciendo coro:
¡La ostia, que pedazo de poema!

Desiderata

Existe un personaje muy extraño
que vive con el porte de un señor
teñido de prudencia y de pudor,
medrando con la envidia y el engaño.

Un ser que es actual, pero es de antaño.
Un ser que se las da de protector
y actúa sin el mínimo rubor;
jamás le importará si ha hecho algún daño.

Ahora al recordar tanto abolengo
del rey de la mentira y la falsía,
(me muerdo la lengua y me contengo)
que al mismo Redentor le mentiría.
Lo quiero comparar y… ¡Ya lo tengo!:
espejo donde no me miraría.

Si la vida sirviera de experiencia,
la experiencia nos diera tolerancia,
¿tolerancia? ¿Qué da la tolerancia?
A ver si puedo hallar una secuencia.

¡Joder!. Si tolerancia es consecuencia
de aquello que se aprende en nuestra infancia,
a ver cuándo le damos su importancia
y actuamos a la vez en consecuencia.

Me estoy haciendo un lío. En consecuencia:
huyendo de la pura redundancia,
quizás la explicación está en la ciencia.

¿O es mejor vivir en la ignorancia
gozando de la paz de la conciencia?
Pero eso sí, buscando una ganancia.

Desiderata

Si bajara el nivel de competencia
y subiera el nivel de tolerancia
supongo que en correcta concordancia,
sería más agradable la experiencia.

Así que, si en lugar de competencia,
podemos inculcar desde la infancia
que hay que cultivar la tolerancia,
sería más agradable la existencia.

Así comenzaría la secuencia
de ver la vida en toda su prestancia,
mirándola además sin prepotencia

El gozar la vida y su fragancia
sería quizás la más bella experiencia,
que es la que en verdad tiene importancia.

Desiderata

Un grupito de amigos totaneros
consiguieron hacer ¡loca osadía!
una firme y selecta cofradía
de gourmets, sumillers y cocineros.

Se buscaron su sede, sus aperos,
y hasta el turno de quien cocinaría
esa cena sorpresa que se haría,
en honor de los otros compañeros.

Han pasado los años y ahora pienso:
lo lograron, ¡A fe que lo lograron!
Y lo hago mirando a aquel recuerdo
que una noche, entre todos y firmado
me entregaron: el plato, que aun conservo,
del día que me hicieron su invitado.

Desiderata

El placer inefable de una siesta,
a la sombra indulgente de los pinos
colmados de gorjeos y de trinos,
culmina la delicia de la ingesta.

Te tumbas recostado en una cuesta
pensando que te importan tres pepinos
los temas, por humanos o divinos,
gozando del silencio en la floresta.

Ambiente que corona el tono grave
alegre y refrescante de la brisa
y el eco de los cantos de algún ave.

Olvidas este mundo con su prisa
dejando que tu boca, muy suave,
dibuje una beatífica sonrisa.

Desiderata

¡Hacerle un poema a un bello culo!
Me encanta. Me seduce ese gran reto.
Es algo tan... palpable. Tan... concreto.
De hacerlo, ha de ser con... disimulo

Si lo haces muy directo eres... garrulo.
El tono ha de ser más bien... discreto,
al menos yo lo entiendo e interpreto;
si logro hacerlo bien me congratulo.

Lo tiene la mujer en gran estima.
Le gusta que lo admiren los demás,
así que... dediquémosle esta rima,
la otra y las que quedan por llegar.
Mil gracias por llevarlo siempre encima.
Perdón, me he equivocado ¡Por detrás!

Yo disfruto escribiendo una poesía
que critique jocosa y sanamente.
Da lo mismo que seas presidente
o que tengas una verdulería.

    Eso no lo consigo cada día,
pues lo logro, si llega hasta mi mente,
criticar lo que pasa en mi presente
con un poco de chunga y alegría.

    Y no tengo ninguna preferencia;
da lo mismo un donjuán que una churrera,
un cateto, un dechado de elocuencia,
un doctor, el alcalde o la portera.
Al final ¿Dónde está la diferencia
de un político o una verdulera?
    ....
    No te tomes la vida muy en serio.
Tómala con un mucho de alegría.
¿Es que no has entendido todavía
que al final nos iguala el cementerio?

Este rojo, que antes fue cereza
y ahora es un... naranja desvaído,
ha pensado prohibir, y ya ha prohibido,
los anuncios del vino y la cerveza.

¿Es quizás por placer? ¿O por tristeza
de quien fue bebedor empedernido?
¿Ignorancia del que no ha compartido
el placer de unas copas en la mesa?

¡Si el beber una copa es medicina!
dice el médico, al dar la explicación
del porqué es el alcohol cosa divina,
que previene del mal del corazón.
¿Zapatero discute lo que opina,
y aconseja, mi médico y doctor?

Desiderata

¡Ay que pena me das, José María!
Has dejado de ser el presidente.
Y expresado de forma... convincente,
se ha otorgado a otra opción la mayoría.

No lo has asumido todavía,
se te nota en tu enfado permanente
y en la absurda actuación, tan prepotente
que transforma el rencor en osadía.

Reconoce que te has equivocado,
demostrando así ser un caballero
ante un pueblo español que ha demostrado
ser ejemplo a seguir del mundo entero.
Y no culpes ya más, al atentado,
de que haya ganado Zapatero.

Desiderata

No arriendo las ganancias, Zapatero,
del negocio de ser el presidente,
queriendo contentar a tanta gente
que ahora están diciéndote ¡Si quiero!

Tendrás que ser el mago del sombrero
que saca, complacido y complaciente,
sereno, educado y sonriente,
tres flores, dos conejos y un plumero.

Deseo por tu bien y por el nuestro
que no se escape el tema de tus manos
y tenga que citarte a algún ancestro.

Recela de los grupos "espartanos"
(que a veces los dirige un mal cabestro)
ya sean cartagineses o romanos.

Desiderata

Da gusto ver a los parlamentarios
hablando, y exponiendo sus razones
de forma que defienden sus opciones
rotundos, como buenos emisarios.

Algunos me parecen visionarios
perdidos en profundas reflexiones,
pero eso si, cumpliendo las misiones
sagradas de exponer sus idearios.

Y lo hacen de manera que respeta
las buenas formas... ¡Tela cosa fina!
en aras de lograr siempre su meta.

¿Su meta? es la forma en que aproxima
de forma diplomática y concreta
el ascua ¡Cada uno a su sardina!

Desiderata

Qué importa como llames a tu Dios
ni el tiempo que le quieras dedicar.
El mío no me suele pedir más
que no olvide jamás por qué murió.

Tu Dios y el mío llaman al amor.
Los dos forman un coro por la Paz,
la vida, la concordia, la amistad...
pidiendo que olvidemos el rencor.

¡Respeta, sobre todo, al ser humano!
Nos dejan como más preciada dote,
ya seas musulmán o seas cristiano.

No alces contra nadie tu garrote
ni ejerzas la justicia por tu mano,
¡Por más que te lo pida un sacerdote!

GUARDANDO LA DISTANCIA

El verte, para mí es el alimento
insulso, insustancial, irrelevante,
tan soso, tan sin sal y sin picante…
Es todo lo contrario de tu aliento.

Me digo que carece de importancia
que debo ser tenaz como la roca,
mas pienso que dos metros es, muy poca,
si tengo que guardar una distancia.

Sabiendo que padeces halitosis
procuro utilizar el disimulo
y aguanto pertinaz, perseverante.

Es… como controlar una psicosis.
Pero cuando la boca huele a culo,
perdona, ¡No hay narices que lo aguanten!

Desiderata

Pretende hablar de discriminación
pero, ¿Vamos a hablar el mismo idioma?
no traiga sus ideas como axiomas
pretendiendo además, tener razón.

Dejaremos aparte el corazón
pues la ley nos es en si ninguna broma
y depende de donde está la coma,
es justa o no lo es, la solución.

No diga que le sobra rectitud.
Que le sobra justicia y gallardía
porque clama en el cielo su actitud.

Responda, si es que puede señoría,
pues si ella entregó su juventud,
¿Adónde fue a parar, mi lozanía?

Desiderata

Retrete: artefacto diseñado
de manera perfecta y singular.
Pensado para sentarse a cagar,
sobre todo, tranquilo y relajado.

Hay veces en que alguien ha llegado
y se ha puesto en el water a mear,
entonces te lo puedes encontrar
repleto de gotitas. Salpicado.

Y tú, que estas sufriendo un apretón
y corres mientras te sueltas la hebilla,
con las prisas te sientas del tirón
y notas humedad en la curcusilla
pensando: ¿Quién será ese tío cabrón
que mea, sin levantar la tablilla?

Desiderata

Está claro. Si existe el elector,
es para elegir a algún señor.
Por eso, el elegir a algún señor,
implica el ejercicio de elector.

Si el elegido es el vencedor,
hay otro que ha salido perdedor.
Ningún partido es el perdedor,
pues todos se declaran vencedor.

O sea. Me convierto en elector
pensando en elegir a algún señor
creyendo que ha de ser el vencedor.

Y luego, aunque resulte perdedor,
él viene y se declara vencedor.
¡Que alguien me lo explique, por favor!

TU PIEL JUNTO A MI PIEL

Susurros en la intensa madrugada,
el reino donde muere la cordura.
Qué importa si el amor fenece, o dura,
o marcha con la noche en la alborada.

Instantes donde el alma enamorada
se rinde a la pasión y la aventura,
se eleva sin pudor hasta la altura
y une la materia con la nada.

Qué importa si al nacer la luz del día
florece la semilla del olvido,
qué importa, si tu piel junto a la mía,
gozando del placer han conseguido
crear, entre suspiros de armonía,
de amor, para el amor, un nuevo nido.

Desiderata

Cuantos otros se han entregado igual
que nosotros nos hemos entregado,
a vivir lo que dicen es pecado:
el vivir conjugando el verbo amar.

Nuestros dioses no pueden condenar
en futuro, presente ni pasado
que dos cuerpos se hayan entregado
a la búsqueda eterna de la paz.

Y no importa si dura más o menos
ese goce del dulce paraíso;
si podemos gozarlo pues: ¡Gocemos!

Y si dicen de ti: ¡Cuanto lo quiso!
Sólo quiero llegar hasta tu altura
y que digan de mi: ¡Cuanto la quiso!

Desiderata

Tú jamás llegarás a conocer
lo que estando a tu lado he padecido.
He pasado, de amarte, hasta el olvido
y de odiarte a... rezar por no querer.

Tantas dudas por ser o por no ser
lo que somos, o pudo haberlo sido.
Si lo soy, o fui lo más querido.
Si lo he sido, o aun lo puedo ser.

No me duelen las cosas por vivir;
pero duelen la cosas que han pasado.
¿Qué sorpresas me guarda el porvenir?

¿Entregarme a ti? me he entregado
como nunca lo hice hasta este día,
y me duele lo mucho que te he amado.

CONFIDENCIAS

Ahora que la noche se estremece
le hablo de mis cosas a la Luna.
Contándole mis penas, una a una,
le hablo de este amor que me enloquece.

Le cuento de este otoño que florece.
Le hablo de mis sueños de fortuna
que ya se marchitaron en la cuna.
Que sólo la ilusión me pertenece.

Le cuento que entre sueños la hice mía.
Le cuento que mi ser, desde esa hora,
recuerda la pasión que florecía;
la sueña y entre sueños, aún la añora.
Y ahora, otra vez, como aquel día,
se van mis ilusiones con la aurora.

Desiderata

No busques la verdad en la poesía.
El poeta en realidad, es farsante,
pues torna lo que es verdad flagrante
en perversa o radiante fantasía.

Te hundirá en la cruel melancolía
con sus versos de anhelo susurrante,
y hasta puede lograr, en un instante,
que transformes tu noche en claro día.

Es travieso, mas no mala persona,
aunque a veces no haya quien lo entienda
ni comprenda las cosas que pregona.

Y siempre ganará en esta contienda,
pues sabe, que en las cosas de la vida,
a veces, nos encanta que nos mientan.

Desiderata

No esperes la verdad en el poeta.
Ya sabes que el poeta es embustero.
Incluso te dirá el mejor ¡Te quiero!
de forma que jamás le comprometa.

Su mente es quizás la más inquieta.
Su fama: de juerguista y mujeriego,
falsario, maricón o pendenciero...
incluso de tener dura la "jeta".

Y piensa que, a pesar de ser burlón,
a veces se le cuelga el sambenito
que siempre tergiversa la razón;
apiádate, aunque sea sólo un poquito,
y piensa que a pesar de ser burlón,
también él, tiene su corazoncito.

Desiderata

Oscuro es el mundo de los vinos,
amigo de señores y tunantes,
que sabe contentar a sus amantes
usando los más diversos caminos.

Lo cierto es que me importa tres cominos
que expriman, o que pisen como antes,
si van a ser los mismos resultantes,
el fruto de las viñas, los racimos.

¡Oh néctar de los dioses! Cruel cadena
que amarras la conciencia de los hombres
y sueltas a las lenguas. Cruel condena.

Quizás sea más probable, no te asombres,
que puedas recordar su paladar
incluso, muchos más que algunos nombres.

Desiderata

Hay gente con la lengua viperina;
jamás pongas en duda su existencia,
son gente que jamás tendrá conciencia
y actúa de la forma más mezquina.

Son gente que te dice en confidencia
aquello que parece un comentario
y tú te guardarás, cual relicario,
y no darás razón de su existencia.

Si un día se les pone mal talante
bien puedes al Señor pedir consuelo,
pues tú, puedes ser el justificante
que se ha de ver rodando por el suelo,
y ellos seguirán, siempre adelante,
formando sin dudar otro revuelo.

Desiderata

En verdad me conformo con muy poco:
un poema, unos versos mal escritos,
una copa de más con los amigos
y seguir, como siempre, un poco loco.

Que me deje el amor el cuore roto.
El pecar para estar arrepentido
sin pensar que pecado he cometido.
Contemplar las estrellas en tus ojos.

Me contenta una "birra" entre las manos.
El saber que no estás arrepentida
recordando otra vez que nos amamos.

Me conforma el sabor de tu sonrisa
cuando hacemos el amor. Me conformo…
con las cosas sencillas de la vida

NADA ES DEFINITIVO

Ya sé que es muy difícil a tu edad
oír de la persona que decía
que siempre, siempre y siempre te querría:
hoy tengo que decirte la verdad.

Lo siento si es tan cruel la realidad,
pensaba que jamás sucedería,
que todo aquel amor que te tenía
ahora solamente es amistad.

Aquello que creías definitivo
un día se convierte en aventura
y cambia sin tener ningún motivo.

En este cruel momento de ruptura
apenas si acertamos a pensar
que el tiempo, en realidad todo lo cura.

NECESITO ROMPER

Necesito un apoyo urgentemente
que me ayude a romper con el pasado;
un pasado que nunca fue pasado,
un pasado que siempre está presente.

Una ayuda que actúe de rompiente
donde muera este mar alborotado,
la bahía donde quedar anclado
esperando un futuro sonriente.

Una mano que tire de mi mano
hasta el borde sutil de la locura
que depara la suerte al ser humano.

Una espada que rompa la armadura
que circunda la fe de un mundo plano
que confunde el dolor con la cordura.

MEA CULPA

Me hundo en el oscuro precipicio
que absorbe poco a poco mi alegría
y pienso, cuantas veces yo diría:
hablar de depresión es sólo un vicio.

La vida me demuestra el artificio
que tanta perorata contenía
y ahora he de llorar donde reía,
pues ciñe a mi persona, cual cilicio.

Ahora, desde el ara del pecado
me apresto a pregonar mi confesión
diciendo que yo estaba equivocado
y debo en humildad pedir perdón,
pues nunca en mi soberbia había pensado
que yo padecería depresión.

AL LÍMITE DEL TIEMPO

El tiempo nos castiga sin piedad
fundiendo nuestros sueños y quimeras.
Trazando mil abismos y fronteras.
de gustos, de costumbres y de edad.

Oculta esta cruenta realidad
de restos de ilusiones verdaderas,
haciendo que parezcan, pasajeras,
incluso una absoluta necedad.

Lo cierto es que parece tan factible,
que llena nuestras mentes del fervor
que hace realidad lo inaccesible.

Soñando y ocultando ese dolor
de ver que acariciamos lo imposible:
unirnos, compartiendo tanto amor.

CORAZÓN EN LLAMAS

Me queman. Los susurros del ayer
me queman. Los recuerdos de agua viva
me queman. En su absurda tentativa,
me queman tus suspiros de mujer.

Me queman. Las llamadas del placer
me queman. Las palabras que murieron,
me queman. Las caricias que no fueron,
me queman... porque no pudieron ser.

Me queman. En la absurda fantasía
me queman. Las cenizas de tu sombra
me queman en las manos todavía.

Me queman. En la boca, si te nombra,
me queman. En el alma, tus recuerdos
me queman... cuando piso aquella alfombra.

LLEGARÁ EL DÍA

Los sueños que me invaden con frecuencia
son sueños inherentes al placer.
Disfruto del amor de una mujer;
un sexo con amor y con paciencia.

Quizás es que me avisa la conciencia:
la amas y la esperas sin saber
que en ella en el futuro has de tener
la suma de pecado y penitencia.

Su nombre permanece en el secreto
y en ella ha de tener tu día a día,
la forma de dar vida a la inconcreto.

Preludio y renacer de la alegría
que el sino te negó por tanto tiempo.
En ella, está el final a tu agonía

SI EN VERDAD...

Si los sueños se hicieran realidad,
mi soñar nunca, nunca llegaría
a soñar que quizás, tal vez un día,
mis ensueños se hicieran realidad.

¡Si los sueños se hicieran realidad!
Ya puestos a soñar, yo soñaría
en hacer al soñar ¡Loca osadía!
que mis sueños se hicieran realidad.

Y si luego, después, al despertar
de mis sueños más locos, algún día
junto a mi te tuviera al despertar,
al instante, ¡Mi vida! pensaría
que mis sueños se hicieron realidad,
haciendo realidad mi fantasía.

Desiderata

Tus ojos: dos destellos de derrota.
Dos lagos que circundan una vida
de querer y no sentirse querida.
Dos espejos, dos versos de alma rota.

    Si piensas que al final, ya nada importa,
que tienes la esperanza ya transida,
que estás rozando ya la despedida,
que el hastío vertió su última gota.

    Respira, siente, ama, llora, vive,
que siempre una salida es una entrada
pues todo en esta vida se repite.

    Si ahora es tu canción desesperada
y es tu corazón aquel que gime,
mañana, soñarás enamorada.

Cuando tu carne invade mi alma
Gregorio Parra

Cuando tu carne me invade, mi alma
es la que siente la triste agonía
de tener que luchar, día tras día,
buscando el elixir de la esperanza.

Un grial rebosante de fragancia
del perfume que roza la herejía;
el féretro que encierra mi alegría
y se pierde allá por lontananza.

El que encierra mi ayer, mi aquí, mi ahora,
en prisiones que no se han levantado:
un presente que ama, sufre, llora.

Son las huellas que hoy me han impulsado
a volver al principio de la aurora,
para quemar las naves del pasado.

Desiderata

Son tantas cosas las que el alma calla.
No busques el motivo o la razón,
sobre todo si es el corazón
el que pierde batalla tras batalla.

Es la amiga más fiel cuando algo falla.
Quien te ayuda, llegada la ocasión,
a luchar con bravura y con tesón.
Quien impide que tires la toalla.

Confidente, amiga, confesor,
compañera perenne de la vida
que comparte contigo tu dolor
y te ayuda a encontrar una salida.
Tu ángel de la guarda. El protector
que te tiende la mano en la caída.

Desiderata

Si miro tu "fachada" posterior,
me recomo, me excito, me reboto...
o sea, que me pongo hecho una moto.
¡No veas si contemplo la anterior!

Tú naciste un día de inspiración
de este Dios. Tras mirar fotografías
hizo un casting de muchas, muchas tías,
y después tiró el molde. Lo rompió.

También pudo tener en cuenta el tío
que al crearte nos hizo una faena.
¡No te rías que yo estoy hecho un lío!
¿Que hice yo, para darme esta condena?
Te contemplo pasar y desvarío.
¡No hay derecho a que existan tías tan buenas!

Desiderata

El color de tu piel bajo la luna
es un baño de plata oscurecida;
es el grito del alma que, transida,
se refugia en el beso de la bruma.

Es el jugo divino que rezuma
esa fuente del amor, controvertida,
que genera la muerte, y da la vida,
a los trazos fervientes de mi pluma.

El satén que despierta mi deseo.
El jardín donde vaga mi cordura.
El tesoro que ansío y no poseo.

El hechizo que siempre me conjura
con su tibio silencio, y me hace reo
de los sueños de dicha y de ventura.

Desiderata

Nunca estuve completamente a solas
pues siempre fue mi soledad conmigo.
Jamás estuve a solas, lo repito.
El silencio es un eco entre dos olas,

tras ese salmo absurdo que se entona
del modo más tenaz, repetitivo,
dudando si es tu amigo o tu enemigo.
Si pides, o si ofreces, o si imploras.

Quizás estar a solas es deseo
de hablar un poco más con uno mismo.
Quizás estar a solas es deseo,

quizás, de ver el fondo del abismo
que forma el manantial de mi deseo;
o sea, simplemente un espejismo.

Desiderata

Pobrecito del idioma español,
lleva el mismo camino que el Latín,
al menos, eso me parece a mí,
como no le pongamos solución.

Pero es que la intensa inmigración
de los "guiris" que llegan por aquí
y no de vacaciones ¡A vivir!
¡Sol y juerga!¡No hay nada mejor!

    Pero en fin, regresemos al problema
del idioma, que es donde he empezado,
al ponerlo de base del poema.

    Menos mal que la Iglesia aquí no ha entrado
o quizás nos diría, sencillamente:
¿Qué tú no hablas inglés?¡Pues es pecado!

Desiderata

El tiempo nos impone la verdad
de forma natural y taxativa,
poniendo lo que está debajo, arriba;
así o de forma inversa, qué más da,

Inútil es pedirle caridad.
Que cambie la verdad por la mentira.
Pues no hay nada ni nadie que le impida
que muestre sus efectos con crueldad.

Lo más a lo que puedes aspirar.
Lo máximo que puede consentir:
que otorgue el visto bueno a tu verdad
si pones el espejo frente a ti.
Quizás entonces puedas transformar
otoño, en primavera de carmín.

Desiderata

Tu silencio me lleva a los silencios
donde el alma, cansada, se reclina
en la punta afilada, de esa espina,
donde quedan grabados los lamentos.

Volverán implacables los momentos
más aciagos, que el tiempo determina
que en el fondo febril de la retina,
regresen a la vida tan... perfectos.

Hoy regresa la imagen de una diosa
pagana, tan presente en mi pasado,
y en presente: poesía, luz y prosa.

Hoy me hace soñar lo ya soñado
y me hace pensar que en el amor,
nunca es suficiente con lo amado.

Desiderata

Si esto ha nacido del dolor
¿Qué puede ver la luz cuando se ama?
¿Serán fruto estos versos de la llama
que surge, brota, mana del amor?

Dolor: consustancial con el amor.
Lo sabe todo aquel que un día ama.
Lo sabe, por el llanto que derrama
pasando de la paz hasta el rencor.

Aun siendo como fuiste, flor de un día,
jamás podrás vivir en el olvido,
pues vives reencarnada en mi poesía.

Te estoy y te estaré agradecido.
Y puestos a soñar, yo soñaría,
que incluso fue un amor correspondido.

Desiderata

Acepto que tú estés arrepentida.
A mí, sólo me duele que no vuelvas
y a ti te dolerá cuando me leas,
mas yo no quiero hurgar en esa herida.

Me duele. Sí. Sí me duele tu huida.
Me duele, aunque quizás tú no me creas.
Me duele que ya nunca me poseas,
pues todo fue comienzo y fue partida.

Si has sido solamente un mal reflejo
que a mí me ha deslumbrado con su luz,
surgida desde el fondo del espejo,
no voy a maldecirte, sueño azul.
Si has sido un espejismo, qué más da;
lo acepto como gloria y como cruz.

Desiderata

Cuantas noches he pasado soñando
con el alma perdida entre sollozos
y roto el corazón en diez mil trozos;
como está un corazón enamorado.

Cuantas noches en blanco se han pasado
rebuscando tu piel en el embozo;
deseando salir del negro pozo
al que el miedo y la duda me han lanzado.

Luego muere la noche, y al morir
nos impone el dolor de despertar
y el deseo infinito de vivir.

Pero ese algo que nos llevará
más allá de la censura de un dios,
sólo es, la necesidad de amar.

Si esto ha nacido del dolor
qué puede ver la luz cuando se ama
teniendo el blanco verso de la cama
que aguarda mil caricias sin pudor.

Qué nace de las manos del amor
que nace. Que florece, que se inflama,
ardiendo sin cesar en viva llama.
Ardiendo con el máximo fulgor.

Qué nace de la eterna fantasía,
que hace realidad cada quimera,
y muere en infinita simetría.

Qué nace de la eterna primavera
que hace sensual una poesía
y no conoce tiempo, ni frontera.

Desiderata

Por mi puedes permanecer callada
el tiempo tú estimes oportuno.
Ayer me hacías daño, hoy ninguno.
Ya no eres flor de eterna madrugada.

Ayer rogaba al cielo tu llamada
contando los segundos uno a uno.
Ya no eres recuerdo inoportuno
poblando de jazmines mi almohada.

Hoy miro sin temor hacia el pasado
que sólo fue la dulce flor de un día,
y ayer me mantenía encadenado.

Hoy ya no me circunda la agonía
y surge de mi noche una alborada
que hace del dolor apostasía.

Desiderata

Sí. Mi corazón no es un libro en blanco,
que tiene varias páginas escritas.
¿Las erratas? Resultan infinitas,
aunque ya las estoy rectificando.

Si confundo amaré, con el: amado,
digo: amar, y el error se rectifica;
que el presente, con todo lo que implica,
siempre es preferible ante el pasado.

En los tiempos verbales del amar,
yo prefiero el gerundio al participio,
aunque sé que el presente ha de pasar.

Pero en fin, regresemos al principio,
pues todo lo que empieza ha de acabar,
aunque acabe el soneto con un ripio.

TEMBLORES DEL TIEMPO

¡Qué fue de aquellas noches sin pudor
que hicieron realidad nuestras quimeras!
¿Acaso fueron sólo pasajeras?
¿Heraldos que anunciaban el dolor?

¡Qué fue de aquellas noches de esplendor,
sonata de caricias sin fronteras,
pletóricas de encuentros y de esperas!
Un templo con un solo dios: AMOR.

El tiempo, con su paso aletargado,
rotunda trascendencia que perdura
de forma imperceptible, ha transformado
a todas nuestra noches de aventura,
en tímido recuerdo del pasado
que oculta un laberinto de locura.

Desiderata

Hay temas complicados y el humor
es, con diferencia, el más complejo.
No vale la experiencia, o ser más viejo,
tener menos vergüenza, o más pudor.

Escribes o recitas y el sudor
se empieza a concentrar en tu entrecejo
de tanto que te esfuerzas, y un diablejo,
te pone por bandera su candor.

Esta gente de mira tan estrecha,
me habrás de perdonar el que te diga
que viven, para mi bajo sospecha,
que de tanto mirarse la barriga,
quizás por un trauma de su infancia,
se pierden lo más bello de la vida.

Desiderata

El amor siempre, siempre es egoísta,
hasta incluso en la entrega más brutal.
Si me apuras me atrevo hasta a pensar
que podría definirse como: autista.

No pongamos detalles en la lista.
Tan extensa nos puede resultar
que quizás no encontremos el final
Si es celoso, no hay quien lo resista.

Egoístas decimos: es mi amor
y lo quiero tan sólo para mí.
Para mí su alegría y su dolor.

Para mí. Solamente para mí.
Para mí tu existencia y tu calor.
Para que quiero vida, si es sin ti.

Desiderata

Aunque se cierren los ojos del tiempo,
yo siempre voy a ser el fiel cautivo
de ese surco, siempre abierto y receptivo,
que me sirve de abono y alimento

Ese surco que encierra mi lamento
siempre urgente, mas nunca coercitivo,
en su anhelo de hallar un lecho amigo
que le ofrende calor a tantos sueños.

Ese surco feraz en sentimientos
donde todos anhelan florecer,
hasta incluso los más calenturientos
que iluminan el fondo de mi ser:
risa, llanto, vivencias... y recuerdos
de deseos que no pudieron ser.

UNA HORA

Regálame una noche de tu tiempo.
Regálame aunque sea sólo una hora
del tiempo en que el amor liba, o devora,
los goces que le sirven de alimento.

Lo intento. ¡Yo te juro que lo intento!
vencer ese deseo que devora
las fibras de mi cuerpo, pero aflora
tenaz e impertinente, incluso en sueños.

Tu cuerpo será el pozo en que mi sed
encuentre lo que tanto necesita.
La calma que suspira por tener
el roce de tu piel. Que me permita
llegar a ver tu mundo, y conocer
la intrínseca razón de ser: la vida.

SÓLO UNA HORA

Regálame una noche de tu tiempo
Regálame aunque sea sólo una hora.
Regálame ese tiempo que atesora
mis días y mis noche, y mis sueños.

Regálame una noche de tu tiempo.
Regálame esa noche, esa hora
en que el amor busca y devora
los goces que le sirven de alimento.

Una noche, una hora… ¡Qué daría!
Quedaría por siempre en mi memoria.
Un recuerdo que no compartiría.
¿Es posible compartir esta gloria?
Y por siempre, soñando, entre sueños
podría repetir aquella historia.

TODA UNA HORA

Regálame una noche de tu tiempo.
Regálame aunque sea sólo una hora.
Regálame ese tiempo que atesora
mis días y mis noches, y mis sueños.

Y yo te entregaré... no se qué puedo,
por mi parte, entregarte a cambio de ellas.
Quizás el sol. la luna, las estrellas...
Quizás el mar, la luz... mi desconsuelo.

Quizás mi ser, mi vida sean muy poco.
Quizás el mundo entero no es bastante.
Quizás es que el deseo me vuelve loco
y no encuentro algo justo que entregarte.
Y tú me contestaste que... muy poco:
¡Dedica tu existencia para amarme!

Desiderata

Es la dulce razón de tus palabras
lo que va penetrando en mi letargo
y me hace soñar, dulce y amargo,
el recuerdo de amor que ahora me embarga.

Es la llama de ayer la que me abrasa,
y me mata y da vida, y que por tanto
es cicuta con miel. Último trago,
que me acerca a los brazos de la parca.

Hoy renace un recuerdo polvoriento
que pensaba enterrado para siempre
como entierra una joya el avariento.

Hoy demuestras también que el tiempo miente
y que aquello que yo pensé olvidado,
es el grito callado del durmiente.

Desiderata

    Mil promesas me fueron otorgadas
bajo un sueño incumplido que me huía
y he querido querer, mas no podía,
porque fueron promesas olvidadas.

    Todo fueron cenizas aventadas,
de la hoguera fatal que consumía
cada atisbo de amor y de alegría,
que anudaban mis manos enlazadas.

    Han pasado los años. La esperanza
que quedaba de ayer me ha abandonado,
y se pierde mi grito en lontananza.

    Me ha mentido el destino. Me ha engañado.
Y en la eterna comedia de la vida
soy un títere, ya desvencijado.

Desiderata

Quizás tan sólo es melancolía.
O quizás simplemente es el hastío
de aquel que ayer juraba: ¡Yo confío!
y hoy, desengañado, no confía.

Pues siempre que el amor le prometía:
¡Es el último error que has cometido!
era sólo otro sueño no cumplido
que, igual que blanca nieve, se fundía.

Solitario, contempla en la estación
cómo parte, quizá, el último tren
que se pierde gritando en lontananza,
mientras suma otra llaga al corazón;
aunque siente, y no sabe por qué,
en el fondo otro soplo de esperanza.

Desiderata

La palabra más dicha en el amor
es el sabido: ¡Te quiero! ¿Verdad?
Pero nunca te has parado a pensar
que eso es una reiteración.

El caso es que no hay otra mejor,
y el decirlo, no es nada original.
Es algo que podemos aceptar
y lo hacemos. Con plena convicción.

Sabemos que lo dice todo el mundo
pero, ¿Acaso decimos: ¡Recurrente!
escuchando el ¡Te quiero! más profundo,
mirándote a los ojos, frente a frente?
Aunque escuches cien mil veces ¡Te quiero!
siempre suena de forma diferente.

Nos quisimos, mas nunca nos amamos.
Fue, quizás, demasiado sacrificio
no gozar del placer que llaman: vicio.
Olvidamos que somos sólo humanos.

Compartimos. Después nos separamos.
Te cegaron los fuegos de artificio
de la fama, que nunca es un oficio.
Divergimos, mas no nos olvidamos.

Quitaré del camino los abrojos
cuando tú te decidas a quererme.
Además, dulcemente, sin sonrojos
al mirarnos a los ojos frente a frente,
volveré al cautiverio de tus ojos,
para ser prisionero eternamente.

Desiderata

Te contemplo y mi sangre se desboca.
Te imagino llevando mil primicias
a mi alma, sedienta de caricias,
y a mis labios, sedientos de tu boca.

Eres tú, ese sueño que trastoca
mi bondad y despierta la codicia
de tener en mis manos la delicia
de tu piel dulce, tierna, turbadora.

Hoy le pido clemencia a ese destino
que me hurga inclemente las heridas,
que en amor se pronuncian desatino,
que permita seas parte de mi vida
compartiendo los dos un sólo sino,
o te aleje, por siempre ya perdida.

Desiderata

Mi alma tiene demasiados años
para amarte con una gran pasión;
tiene tantos, o más, que el corazón
que se queja y flaquea por los daños,
al rodar tantos y tantos peldaños
por la escala intangible del amor.
A esta edad triunfa siempre la razón,
por temor a sufrir más desengaños

Regresan los recuerdos más arcanos
de batallas y guerras y... caricias.
Caricias que murieron en mis manos
simplemente por no ser atrevidas.
Caricias que murieron en mis manos
y otras manos ansiaban extendidas.

MUJER

Sé que no eres, amor, la más hermosa,
que no eres la excelsa maravilla,
tan sólo una mujer, normal, sencilla,
pero eres para mi, maravillosa.

Tu boca no es amor, joya preciosa.
Dejaste ya de ser una chiquilla
y no eres inocente cervatilla,
pero eres para mi, fruta jugosa.

Si te digo: ¡Mi amor, cuando me miras,
sólo veo en tus ojos un lucero!
no me digas, mi amor, ¡Eso es mentira!

No me trates, mi amor, por embustero.
Aplaca por favor tu injusta ira.
Es tan sólo, mi amor, que yo te quiero.

ESTA NOCHE

Esta noche te me entrego sin medida.
Esta noche se nos cumple una ilusión.
Esta noche yo te entrego el corazón,
con el cuerpo y el alma, con la vida.

Esta noche de principio y despedida,
de cariño, de total dedicación.
Esta noche se consagra nuestra unión,
en el cuerpo en el alma y en la vida.

Una vida que tendrá ratos de todo;
de pasión, de tristeza, de alegría...
lo que ambos sabemos de algún modo
y afrontamos con fuerza y valentía.
Un camino de los dos, codo con codo:
el que hemos elegido, vida mía.

VERSOS DORMIDOS

Cuantos versos se quedan olvidados
durmiendo en el calor de la almohada.
Los versos que jamás han de ser nada
por no estar a un poema encadenados.

Cuantos versos que nacen del dolor
se quedan en suspiros a la luna;
son versos... que no encuentran boca alguna
que pueda mitigar su sed de amor.

Son versos que han nacido de una herida.
Los hijos de la flor del desengaño,
del sueño, del silencio o la ilusión.

Son versos que al nacer no encuentran vida.
Fantasmas que al volver nos hacen daño.
Las notas que jamás serán canción.

ME FALTA EL VALOR

Tengo miedo de estar contigo a solas,
resolviendo, quizás, la eterna duda,
hallando la verdad dulce y desnuda
que yace en un rumor de caracolas.

Tengo miedo a desvelar lo que siento.
Tengo miedo a sentirme rechazado.
Son ya tantas las veces que he llorado
que busco algún valor... y no lo encuentro.

Me estremece el paso de la vida
que anuncia la llegada de la muerte,
mientras llega el amor que tanto espero.

Tengo miedo a empezar otra partida,
y callo ante la duda de perderte
si digo, simplemente, que te quiero.

MORIR ENTRE TUS LABIOS

Hay algo tan... magnético, en tu boca.
La fuerza más vital en tu mirada,
que hace que mi alma, enamorada,
de forma irracional se vuelva loca.

Es algo que... me anula, y que trastoca
la línea que en mi vida está trazada.
Es algo que me hiere. Es una espada
capaz de penetrar hasta en la roca.

Cual nueva Excalibur en su brillar.
Cual nueva Excalibur que en su blandir
cercena los consejos de los sabios.

Es algo que me hace hasta soñar,
que un día yo podría conseguir
la gloria... de morir entre tus labios.

UNA VEZ MÁS

Se muere tantas veces en la vida.
Morir una vez mas no importa nada.
Sabiendo que la vida está prestada
jugamos a la muerte con la vida.

Qué importa cuándo llegue la partida
si sabes que al marchar no llevas nada.
La senda que al morir dejas trazada
será todo el tesoro de tu vida.

Importa ese recuerdo que has dejado.
Importa que te nombren sin rencor.
Importa si contigo estás de acuerdo.

Importa la semilla que has sembrado.
Importa que te nombren con amor
pues vives, lo que vive tu recuerdo.

TU MIRADA

    Es la dulce expresión de tu mirada
ausente, soñadora, silenciosa...
la canción más sutil, ¡Maravillosa!
que jamás haya sido interpretada

    Un coro de violines. Una espada
que rinde corazones licenciosa.
El vuelo de radiante mariposa
de los párpados que tienes por celada.

    Es la luz que atraviesa el alma mía
en su cruel sinrazón, de lado a lado,
y al instante le rinde pleitesía.

    Los pétalos que me han acariciado.
Es la ausencia, la mar, la noche, el día...
el poema que tú me has inspirado.

Desiderata

Como, toro, tú fuiste bautizado
y por, bravo, heredas tu apellido.
Vas a ser de los dioses consentido
y a los dioses serás sacrificado.

Coronado. Ya siempre coronado
por las astas que dan forma a tu cuna,
donde tanto durmieron sol y luna,
que dan vida a la noche en tu costado.

Es tu casta, tu fuerza, tu bravura,
la que saca tu orgullo a plena luz
y que ciñe el torero a su cintura
mientras danza y requiebra tu testuz.
Tu testuz. La moneda donde habita
el conjuro final de tu virtud.

Desiderata

Sí. Lamento haber sido... un capricho,
pero gracias por todo lo que has hecho,
mil gracias por llevarme hasta tu lecho
y un día, ser tu amante clandestino.

Ya sé, que apenas soy aquel amigo
que supo hacerte un hueco allá en su pecho.
Aquel que, tras quedar algo maltrecho,
jamás se arrepintió de estar contigo.

Y siento mucho haberte defraudado.
Mas todo sucedió con tanta prisa
que incluso me sentí... condicionado.

Lo digo sin ninguna cortapisa.
Mil gracias por las veces que me has dado
la gloria vertical de tu sonrisa.

DESIDERATA

Deseo ser tu sueño más sereno.
Deseo ser el brillo en tu mirada.
Deseo ser tu amor de madrugada.
Deseo ser tu anhelo más supremo.

Deseo tus caricias y las temo.
Deseo tus suspiros de almohada.
Deseo tus pasiones de alborada.
Deseo tus desplantes de veneno.

Deseo ser secreto inconfesable.
Deseo ser tu máximo esplendor.
Deseo ser tu estrella inalcanzable.
Deseo ser la Fe de tu fervor.
Deseo ser tu fin insoslayable.
Deseo ser el centro de tu amor.

AGRADECIMIENTOS

Nuestro más sincero agradecimiento a las empresas y entidades que colaboran con las actividades de Caja de Semillas, y muy especialmente a la Concejalía de Cultura del Ilustrísimo Ayuntamiento de Totana, por creer y seguir confiando siempre en nosotros.

CAJA DE SEMILLAS

Desiderata

Desiderata

FIN

Desiderata

www.ingramcontent.com/pod-product-compliance
Lightning Source LLC
Chambersburg PA
CBHW071706040426
42446CB00011B/1935